J. DEPOIN

ÉTUDES MÉROVINGIENNES

I. La légende de saint Goar et les rois francs de Cologne.

II. L'informateur de Grégoire de Tours sur la vie privée des premiers rois francs.

Extrait de la *Revue des Études historiques*

(Juillet-Août 1909)

PARIS

LIBRAIRIE ALPHONSE PICARD ET FILS

82, rue Bonaparte, 82

ÉTUDES MÉROVINGIENNES

MACON, PROTAT FRÈRES, IMPRIMEURS.

J. DEPOIN

ÉTUDES MÉROVINGIENNES

I. La légende de saint Goar et les rois francs de Cologne.

II. L'informateur de Grégoire de Tours sur la vie privée des premiers rois francs.

Extrait de la *Revue des Études historiques*

(Juillet-Août 1909)

PARIS

LIBRAIRIE ALPHONSE PICARD ET FILS

82, RUE BONAPARTE, 82

Études mérovingiennes

I

LA LÉGENDE DE SAINT GOAR ET LES ROIS FRANCS DE COLOGNE.

Bien avant la date où l'aïeul paternel de Clovis, Mérovée, prit le pouvoir, le peuple franc se partageait en un certain nombre de groupes militaires et sociaux, de tribus dont chacune avait à sa tête un chef particulier. Aussi les Romains, s'ils estimaient hautement les Francs et leur bravoure, considéraient avec quelque dédain leurs roitelets — « *regales, duces, subreguli* » — comme s'expriment les rhéteurs et les historiens de l'Empire [1]. Tels furent Genebaud, Marcomer et Sunnon, qui, sur la fin du IVe siècle, au temps des tyrans Maximus et Eugenius, formèrent un triumvirat occasionnel pour saccager les contrées fertiles des bords du Rhin et de la Basse-Moselle.

Quand la décadence de l'Empire, laissant le champ libre à ce peuple qui lui fournissait ses troupes auxiliaires de choix, leur permit de s'établir à demeure sur divers points de l'Austrasie, puis de la Belgique et de la Neustrie, des royautés locales, à tendance héréditaire, se constituent à mesure que des villes importantes et de grandes provinces sont occupées et conquises. Le chef qui s'est emparé d'un territoire et s'y installe avec ses troupes en devient le roi. C'est un phénomène spontané, mais persistant. Ainsi, jusqu'aux toutes dernières années de la vie de Clovis, il subsistait, en dehors de la ligne de Mérovée, trois dynasties régnant sur des groupes de leudes francs immigrés. Grégoire de Tours relate la destruction successive de ces pouvoirs, par le meurtre des chefs de ces dynasties, et la réunion des diverses tribus sous le sceptre de l'époux de Clotilde [2].

---

1. Grégoire de Tours, *Historia Francorum*, II, viii (9), édit. Omont, t. I. pp. 44-41.
2. *Historia Francorum*, II, xxviii (40), xxxii (43); t. I. p. 68-71.

De l'un des trois chefs, Chararic, on ne connaît ni le séjour, ni la race [3].

Les deux autres, Régnier de Cambrai (*Raynacharius rex apud Camaracum*) et Sigebert le Boiteux de Cologne (*Sigibertus Claudus... de Colonia civitate*), sortaient de la même souche que Clovis [4]. Mais Sigebert tenait de très près au fils de Childéric, qui le qualifie dans une harangue solennelle « *parens meus* ». La terminologie de Grégoire affecte au mot « *parens* » le sens d'oncle, ou, dans sa plus large extension, de cousin germain (petit-fils d'un aïeul paternel); c'est celui que lui donnait une princesse mérovingienne, Clotilde, fille du roi Charibert Ier [5].

La mère de Clovis, Basine, reine de Thuringe, fut probablement une Franque: on s'explique ainsi l'asile donné par elle et son mari à Childéric proscrit, et la facilité avec laquelle, après le rappel du jeune prince par les Francs, la reine, pour le rejoindre, quitta le lit conjugal [6]. Basine pourrait être une sœur de Sigebert le Boiteux; dès lors, on ne saurait être surpris de retrouver le nom de ce roi des Ripuaires relevé dans la postérité de Clovis.

Comment cette dynastie sicambre de Cologne avait-elle surgi? Grégoire de Tours ne le dit pas. Mais il raconte par quel subterfuge le patrice Aëtius, ayant triomphé du Fléau de Dieu, grâce à l'appui des Goths et des Francs, trouva moyen de congédier des auxiliaires sur le point de devenir gênants. Le roi des Goths avait succombé dans les plaines de Mourmelon. Aëtius dit à Thorismond, fils de ce prince : « Hâtez-vous de regagner votre pays, si vous voulez prévenir les desseins de votre frère : il va s'emparer du royaume qui vous revient. » Thorismond effrayé partit sur-le-champ avec

---

3. Le prénom qu'il porte se retrouve, dans Gascogne, chez un duc de Limoges, *Gararic* (*Hist. Francorum*, VII, xiii; t. II, p. 13]; puis, au ixe siècle, sous la forme *Hereric*, dans la famille des comtes du Bidgau ou Blois-Mosellan (Dereux, *Études sur le Luxembourg à l'époque carolingienne*, 1, 28), et au xive, sous la forme *Erri*, parmi les habitants du bourg d'Essonnes, près de Corbeil (Dereux, *Notre-Dame-des-Champs, prieuré dionysien d'Essonnes*, p. 20').

4. Clovis reproche à Régnier d'avoir déshonoré *leur famille*: « Cur humiliasti genus nostrum ? » *Hist. Franc.*, II, xxxi (42).

5. « Vado ad parentes meos reges », dit-elle en annonçant qu'elle se rend auprès de Gontran et de Childebert II, frère et neveu de son père (*Ib.*, IX, xxxviii; t. II, p. 134). Dans les diplômes de souverains issus de Mérovée, le terme « parens » désigne, tantôt un arrière-grand-oncle, tantôt le cousin-germain d'un aïeul.

6. *Historia Francorum*, II, xi (12); t I, p. 49.

ses troupes. Ce stratagème ayant si bien réussi, Aétius le renouvela
pour le roi des Francs, avec un égal succès. Heureux d'avoir ainsi
précipité leur départ, l'astucieux patrice profita de tout le butin du
camp d'Attila, et rentra dans ses foyers, comblé de dépouilles
opimes [7].

Ces termes de Grégoire : « *Simile et Francorum regem dolo
fugarit* » ont été pour un érudit ingénieux, Gebhardi, un trait de
lumière.

Pendant que Mérovée, avec son contingent, apportait aux Romains
un renfort efficace, un de ses frères profitait de son absence pour
envahir ses États. Ce frère de Mérovée serait le père de Sigebert
le Boiteux.

Cette interprétation, très compatible avec le texte de Grégoire,
est en harmonie avec ce que d'autres sources, ignorées de l'historien tourangeau, nous apprennent sur la situation de Mérovée.

Il n'était point fils de son prédécesseur Clodion, mais seulement
issu de la même souche [8]. Les plus anciennes traditions admettent
qu'il profita de la grande jeunesse des fils de son devancier pour se
faire élire [9], et l'existence d'un frère et d'un fils de Clodion appelés
Clénon (Klein) et *Clodebaud* est attestée par diverses généalogies
qu'on ne saurait vraiment soupçonner d'avoir inventé ces noms.

Les conditions qui amenèrent Mérovée au pouvoir étaient bien de
nature, son absence aidant, et le bruit de sa mort ayant pu se
répandre, à déterminer les Francs à lui substituer son frère.

Si la conjecture qui précède n'a point en soi la force d'une présomption voisine de la certitude, déjà, tout au moins, n'est-elle pas

---

7. *Historia Francorum*, II, vi (7); t. I, p. 41. — Cf., sur ce passage, le commentaire
de Joh. Lud. Lev. GEBHARDI, *Reges Francorum Merovingici documentorum authori-
tate asserti*, Lüneburg, 1738, in-4°. Mais cet auteur croit que le frère de Mérovée
serait le père de Régnier de Cambrai.

Le récit de GRÉGOIRE a besoin d'un correctif. Mérovée aida le patrice à poursuivre
Attila, après la défaite des Huns dans les Champs catalauniques. Le départ des deux
chefs alliés des Romains fut donc loin d'être presque simultané et l'absence de Mérovée hors de ses États se prolongea bien plus que celle de Thorismond.

8. « De hujus (Chlogionis) stirpe quidam Merovechum regem fuisse afferunt. » (*Hist.
Franc.*, II, viii (9); t. I, p. 47.)

9. « Meroveus qui non erat Clodii filius, sed ipsi sanguine junctus, fecit se creare
regem, Clodii filios, quia aetate minores, excludendo. » (*Genealogia regum Francorum*, ap. CHIFFLET, *Anastasis Childerici*, p. 13.)

à dédaigner. Elle fournit une explication satisfaisante de la juxta-position des royautés de Cologne et de Tournai, en même temps que d'une alliance politique et militaire fort compréhensible entre Francs de même tribu et souverains doublement alliés. Sigebert soutint son neveu dans la guerre contre les Alamans, au cours de laquelle il reçut le coup qui le rendit boiteux. On ne saurait dire, toutefois, s'il seconda Clovis dans la campagne contre Siagrius; il est sûr qu'un chef franc, Chararic, resta neutre entre ses compa-triotes et les Romains [10]. Clovis voulait se venger du fils de cet Egidius qui avait autrefois usurpé la place de Childéric : les autres rois sicambres n'étaient pas intéressés dans sa cause.

Enfin l'hypothèse précédente a le mérite de suggérer l'attribu-tion d'un motif plausible à l'animosité secrète de Clovis envers la dynastie de Cologne : une rancune ancestrale, source d'une ven-geance lentement mûrie, aurait inspiré l'effrayante machination imputée au fils de Basine par l'évêque de Tours [11].

II

Tout est-il dit à ce sujet? Se pourrait-il que, sur cette période lointaine, quelque autre lumière fût projetée? Nous nous proposons de le rechercher, en discutant les conclusions d'un éminent savant contemporain concernant l'existence de saint Goar, prêtre mission-naire qui se voua, rapporte sa légende, à l'évangélisation des païens résidant ou circulant aux abords du Rhin, dans le diocèse de Trèves [12].

Poursuivant à l'égard des deux vies de Goar l'œuvre de critique mordante et très souvent judicieuse qui lui a valu tant de notoriété,

---

10. Clovis tira de ce défaut de concours le prétexte dont il se servit, dès qu'il fut reconnu roi par les Francs ripuaires, pour attaquer Chararic. Si Clovis attendit jusque-là pour invoquer ce prétexte, c'est peut-être que Sigebert, qui l'avait soutenu depuis, avait alors gardé la même attitude expectante. — Grégoire dit que Clovis marcha contre Egidius « cum Ragnachario parenti suo. » (*Hist. Fr.*, II, xviii (27).

11. Nous reviendrons, dans un autre chapitre, sur l'autorité qu'il faut reconnaître aux informations dont s'est servi Grégoire pour rédiger cette partie de son œuvre historique.

12. La *Vita prior sancti Goaris* (anonyme) et la *Vita posterior* écrite par Wandal-bert ont été éditées dans le tome IV des *Scriptores rerum Merovingicarum* (collection in-4° des *Monumenta Germaniæ historica*) et précédées d'une étude critique de M. Bruno Krusch.

Bruno Krusch, avec sa profondeur habituelle, a cherché quels
motifs pouvaient avoir guidé le rédacteur de la première légende. Il
se persuade que c'était un moine de Prüm, disciple de l'abbé Asuérus, et que ce récit fut forgé de toutes pièces pour combattre les
droits de l'église de Trèves sur le prieuré de Wesel (depuis Saint-
Goar). Pour lui, Goar est un saint fictif, et ne serait autre que le
chef Alain qui, en 406, se sépara du roi Respendial, au moment où
celui-ci allait quitter les bords du Rhin pour emmener son peuple
dans les Gaules. Goar, ne voulant pas le suivre, passa dans le parti
des Romains [13] et, en 411, concourut avec le roi bourguignon Gon-
diher à l'intronisation, à Mayence, du tyran Jovinus. Son souvenir
se serait conservé dans un lieu du *pagus Trigorius* où il aurait été
enterré.

La conjecture de Krusch paraît, à première vue, au moins aussi
surprenante que les miracles attribués par l'hagiographe à son thau-
maturge.

Comment ce chef Alain, apparemment païen, aurait-il été cano-
nisé? L'existence de la *Cella* qui lui était dédiée, du vivant même
de Pépin, est incontestable, puisque Asuérus, l'ayant obtenue de ce
prince comme annexe de son abbaye, y plaça six moines pour la
desservir et y éleva une basilique plus vaste, que consacra Loul,
archevêque de Mayence. C'est en 782 que Charlemagne, au cours
d'une expédition en Saxe, se trouvant dans une auberge publique
au bord de la Lippe le 25 juillet [14], fut saisi d'une réclamation de
l'église de Trèves au sujet de la *Cella Sancti Goaris* et lui donna
tort. Cette réclamation était la seconde soulevée par l'évêque Wiomad; Pépin avait écarté la première sans vouloir l'examiner [15].

13. Renatus Profuturus Frigeridus, cité par Grégoire de Tours, *Historia Francorum*, II, viii (9); t. I, p. 45.

14. Un diplôme daté de ce lieu et de ce jour accorde une exemption de droits fiscaux
à l'église de Spire (*Mon. Germ. hist.*, in-4°, *Dipl. Karolin.*, I, p. 194, n° 143). Le
diplôme pour Prüm, de la même date, vu par Wandalbert dans les archives de l'abbaye
en 839, avait disparu lors de la rédaction des cartulaires.

15. Les termes des *Gesta Treverorum* (Pertz, *Scriptores*, VIII, 163) sont très signi-
ficatifs : « Wiomadus: hic cellam S. Goaris ad jus sancti Petri (cathedræ Trevirensis)
transferre conatus est, sed violentia Pipini regis conatus ejus impeditus est. »

Au sujet de la biographie d'Asuérus, qui dirigea l'abbaye de Prüm durant 45 ans
(759-804), cf. nos *Études sur le Luxembourg à l'époque Carolingienne*, 2° édit., I, n2
(Luxembourg, Heintze, 1908).

Ce que Wiomad demandait n'était pas le maintien de droits
existants et appliqués jusqu'alors qu'aurait eus son église : car le
texte des *Gesta Treverorum*, naturellement favorable aux intérêts
des métropolitains, dit que cet archevêque s'efforça d'obtenir l'an-
nexion de la *Cella Sancti Goaris* à sa cathédrale de Saint-Pierre.
Sur quoi pouvait-il baser les prétentions qu'il fit surgir tout à coup,
que Pépin repoussa sans les discuter et qui furent rejetées après
débat contradictoire, par une assemblée tenue sous la présidence de
Charlemagne ?

Ce ne pouvait être que dans la *Vita sancti Goaris* primitive, où
Krusch a parfaitement relevé plusieurs faits impliquant la juridic-
tion directe des évêques de Trèves sur la fondation paroissiale de
Goar : cette institution fut faite « una cum consenso episcopo..
Treverensium [16] » et Goar versait un tribut aux sergents [17] de l'église
de Trèves pour le luminaire de Saint-Pierre [18].

Ces marques de sujétion qui ont frappé Krusch, ne pouvaient
échapper aux intéressés : ils les découvrirent aisément dès que la
Vita sancti Goaris fut divulguée, servant de base au développement
de son culte par les moines de Prüm, jusqu'à ce qu'ils chargeassent
l'un des leurs, Wandalbert, d'en faire, en 839, une rédaction plus
compréhensible et d'un meilleur style.

Dès lors, comment Krusch est-il autorisé à croire que la *Vita
sancti Goaris* primitive fut fabriquée de toutes pièces (*conficta*)
entre 762 et 768, pendant le litige entre l'abbaye de Prüm et l'archevêque Wiomad, par un moine gallo-romain de la communauté
d'Asuérus, pour *combattre* les prétentions de l'église de Trèves ?
L'hagiographe fait jouer, il est vrai, un vilain rôle au prédécesseur
de Wiomad, qui doit finalement s'humilier devant Goar et que le
roi veut chasser de son siège, à la sollicitation du peuple et du
clergé, pour y installer le prêtre qui refuse cet honneur. Mais la
satisfaction morale que reçoit Goar, dans ce récit, n'efface en rien
les liens de subordination qui enchaînent sa fondation à la juridiction directe et absolue du pontife et de l'église de Trèves.

On ne saurait vraiment trop admirer l'ineptie du moine de Prüm

16. *Vita Goaris confessoris Rhenani.* cap. i, p. 411.

17. *Legatarii,* corruption de *legati*, peut-être par un mélange avec *lictores.*

18. « Legatarii episcopo... se dicebant luminaria ad partem sancto Petro Treverico
querere. »

qui, dans le but d'appuyer les droits de son monastère, composant
une œuvre de pure imagination, se serait avisé de l'agrémenter de
détails aussi fâcheux pour sa cause, et de fournir ainsi, par pure
bonne grâce, des arguments à la partie adverse. Ce qu'on sait
d'Asuérus qui eut une grande influence sur Pépin, sur la reine
Berthe et Charlemagne, témoigne de son intelligence et de son
autorité, et ne permet pas de lui supposer de pareilles maladresses.

Au fond, toutes les objections de Krusch se résument dans une
question de synchronismes sur laquelle nous allons revenir, et dans
les remarques suivantes :

1° « Le nom de l'évêque *Rusticus* est suspect d'être forgé pour
dépeindre sa grossièreté. » Pour juger de la valeur de l'objection,
il suffit de constater que tous les catalogues épiscopaux de Trèves
mentionnent les évêques *Fibicius* et *Rusticus*, alors que la *Vita
sancti Goaris* primitive les nomme *Felicius* et *Rusticus*: la première
variante est assez importante pour qu'on ne puisse supposer que
l'introduction de ces noms dans les catalogues serait exclusivement
due à la fiction du biographe de Goar. De plus, le nom de *Rusticus*
était tout à fait honorable; un évêque de Cahors de race très noble
le porte sous Dagobert I⁰ʳ; d'une abbesse d'Arles sous Clotaire II,
il est dit : « Genitrix... in regenerationis fonte *ex suo genere Rus-
ticulam* vocitavit; ab omni vero domus familia *Marcia* nuncupa-
batur [19]. »

2° « Le nom de la maîtresse de Rusticus, *Afflagia*, est aussi
inventé parce qu'il paraît vouloir dire magicienne : « mulier quae
afflat, incantat. » De même, les noms des deux sergents de l'évêque
sont visiblement forgés parce qu'*Alboinus* et *Adal:rinus* riment
ensemble ». On nous dispensera de répondre à cet argument auquel
résisterait difficilement le récit historique le plus sûr. C'est la sys-
tématisation du procédé appliqué par certains auteurs aux récits
mythologiques, et à l'aide duquel le fameux bibliothécaire d'Avignon, Very, a démontré que la légende napoléonienne est une trans-
position moderne du mythe du soleil.

---

19. *Scriptores rerum Merovingicarum*, IV, 340. — Sur Rusticus de Cahors, v. la *Vita
Desiderii*; ibid., 563-574.

Ces citations sont prises dans le même volume où est imprimée la critique de
Krusch sur la *Vita Goaris*.

Krusch lui-même n'a pas grande confiance dans ces ingénieuses subtilités. Il a réservé son meilleur argument pour la fin : « Si quis adhuc de indole hujus vitæ haesitaret, miracula secum in animo consideret, cappæ radio solis suspensæ, infantisque triduani loquentis. » Ces miracles sont, en effet, relatés, mais pourquoi Krusch n'a-t-il pas tenu compte de la conversation entre Goar et le roi franc qui, malgré ses protestations et ses refus de s'expliquer, l'interroge en vertu de son pouvoir souverain, à leur sujet : « Narrez-les, dit Goar. je vous répondrai. » Puis, ayant écouté le récit que le roi lui fait d'après le bruit public : « Aliud tibi non dico, nisi sicut dixisti », reprend le saint ; « verumtamen aliis sic *cernitur esse* factum, quomodo tibi dictum est. » Goar ne dit pas : « C'est ainsi que cela s'est fait », mais : « C'est ainsi que les gens l'ont vu » ; c'est-à-dire : « ont cru le voir ». Au reste, ces miracles sont, en eux-mêmes, sans intérêt pour le récit que nous allons reprendre dans la *Vita prior*, en ne tenant compte d'aucune circonstance merveilleuse.

III

Au temps où les Francs avaient un roi nommé Childibert, fils de Clodovie (Clovis), vivait un personnage vénérable, Goar, né en Aquitaine ; son père était Goargius (suivant d'autres textes Georgius), sa mère Valéria [20]. C'était un homme illustre (*gloriosus*), beau de visage, modeste et chaste. plein de foi, de courage et de vertu, et connaissant de redoutables secrets. Prêtre. il vint s'établir dans la banlieue de Trèves, près de Wesel, visitant les bourgs fortifiés (*oppida*) des bords du Rhin, que les Germains occupaient, et convertissant de nombreux païens. Dans cette région qu'au ixe siècle on nommait *pagus Tricorius* [21], d'un nom analogue à celui du Trégorois, non loin d'une capitale appelée sous Pépin *Trisgodros* [22], sur les bords de la *Wochara* (depuis le Lohbach) qui se jette dans le Rhin, Goar éleva une chapelle (*ecclesiola*) avec l'agrément de

20. Georgius est le nom d'un sénateur d'Auvergne, père de Florentius et aïeul de Grégoire de Tours.

21. *Wandalberti Commemoratio*, édit. Holder-Egger, ap. Pertz, *Scriptores*, XV, 372. — Depuis le Trechirgau.

22. En 762, Pépin y séjourna (*Dipl. Karol.*, I, 21, n° 16).

l'évêque de Trèves, Felicius, sous l'invocation de Notre-Dame, de Saint-Jean-Baptiste, des Apôtres et de tous les Saints. Il s'y consacrait à la prédication de la foi et à la guérison des malades. Chaque matin, aussitôt la messe dite, il offrait un repas à tous les pauvres et aux étrangers qui y avaient assisté et mangeait avec eux. Il se passa ainsi un certain temps, pendant lequel Felicius fut remplacé sur le siège de Trèves par Rusticus, et le roi Childibert par le roi Sigebert.

Rusticus ayant envoyé des sergents de l'église avec mission de recueillir les droits exigés des ministres du culte, dans les paroisses du diocèse, pour l'entretien du service divin dans la cathédrale, et aussi de lui faire rapport sur la conduite du clergé, ces deux *legatarii* lui racontèrent que Goar n'accomplissait aucun jeûne, ayant pour coutume de manger et boire dès le point du jour avec les mendiants et les pèlerins, sa messe terminée. L'évêque lui fit mander de venir à son tribunal ecclésiastique. Goar montant sur son âne aussitôt, se rendit à Trèves, obéissant à la semonce des sergents. Il trouva l'évêque dans la cité, assis sur un trône au milieu de son clergé, pour y exercer la justice (*in civitate sedens in solio suo, una cum clero suo*). Rusticus informa Goar qu'il était accusé non seulement d'infraction aux jeûnes canoniques, mais, ce qui était bien plus grave, de sortilèges, et qu'il allait lui imposer une épreuve dont il devrait triompher, sous peine d'encourir une condamnation capitale.

Il existait, à Saint-Martin de Tours et à la cathédrale d'Angers, une coutume de l'époque romaine, destinée à prévenir les infanticides. On pouvait déposer sur le parvis de l'église, avant l'aube, des enfants abandonnés. Les marguilliers (bedeaux), en ouvrant les portes, les trouvaient, en prenaient soin, et les offraient aux personnes qui consentaient à les nourrir et à les élever pour ensuite utiliser leurs services conformément aux lois sur le servage domestique. Ceux qui assumaient la charge de ces nourrissons (*nutricios*) les achetaient en versant une somme à l'Église, mais il fallait qu'ils se présentassent avec l'enfant devant le prélat du lieu, et que celui-ci approuvât le contrat [23]. Cet usage était encore en vigueur à

23. *Formulæ Andegavenses*, c. 49; *Formulæ Turonenses*, c. 11; édit. ZEUMER, pp. 21, 141.

Trèves au moment où écrivait l'auteur de la première vie de saint
Goar. Devant la porte de la cathédrale de Saint-Pierre était une
grande vasque de marbre, où les femmes trop pauvres pour élever
leurs enfants venaient les jeter. Le moine de Prüm, Wandalbert,
auteur de la seconde vie de Goar, rapporte que, la coutume étant
plus tard abolie, Pépin enleva cette vasque devenue sans emploi,
la fit porter à l'abbaye de Prüm et adapter à une conduite, de façon
à ce que les moines eussent toujours de l'eau à leur disposition dans
le réfectoire. Cette transformation dans les mœurs tréviroises qui
s'était produite entre le temps où fut rédigée la *Vita Goaris prior*
et le règne de Pépin, sur la fin duquel Asuérus fut pourvu de son
abbaye, et que Krusch a fort bien relevée, aurait dû pourtant être
envisagée par lui comme un très sérieux argument contre sa thèse.

Revenons à la comparution de Goar devant l'évêque, son juge.
On venait à ce moment de présenter au prélat un enfant trouvé
dans la vasque et dont un habitant demandait à se charger; cet
enfant avait été déposé là non par une femme, mais par un singulier
intermédiaire, un jeune acolyte du clergé de la cathédrale. L'évêque,
montrant la petite créature à Goar, lui dit : « Si les guérisons et
les pouvoirs surprenants qu'on t'attribue sont de source divine, tu
sauras aussi imposer à cet enfant de nous révéler le nom de son père
et de sa mère, et nous croirons à tes vertus. » Le prêtre, fort ému,
après une courte prière, interrogea brusquement celui qui portait l'enfant trouvé: « Combien de *nuits* a-t-il ? » — « Trois, fut-il répondu. »
Goar, regardant le nouveau-né, lui pose aussitôt les questions for-
mulées par l'évêque; alors l'assistance et le prélat lui-même croient
entendre sortir de la bouche de l'enfant cette réponse naïve : « Mon
père est l'évêque Rusticus, ma mère est Afflagia. »

Foudroyé par la découverte d'un tel secret qu'il ne croyait connu
que de sa maitresse et du jeune acolyte, le pontife sacrilège tombe
aux pieds de Goar, tandis que le peuple et le clergé l'écrasent de
leur mépris et de leurs anathèmes.

Bientôt le roi Sigebert, sur leurs vives instances, fait mander
le prêtre et lui offre le siège de Rusticus destitué. Goar se dérobe,
plaide la cause du prélat et demande à retourner dans sa retraite
pour y réfléchir. Sigebert lui impartit un délai de vingt nuits pour
lui rapporter sa résolution, en la ville de Metz. Dans l'intervalle,
Rusticus fit sans doute agir des influences; l'effervescence populaire

et la colère royale s'apaisèrent ; ce fut seulement après sept ans que
Sigebert, revenant à des projets longtemps interrompus, renvoya
ses sergents auprès du saint afin de lui rappeler sa promesse. Ils le
trouvèrent affaibli par une maladie de langueur, et ne recueillirent
d'autre réponse que la prière au roi, lorsque lui parviendrait un message de Goar annonçant sa fin prochaine, de laisser partir, pour le
consoler à l'heure suprême, le prêtre Agrippinus et le clerc Eusebius ; le roi y consentit et leur donna cet ordre qu'ils exécutèrent,
trois ans et trois mois plus tard, en allant recevoir, un 6 juillet,
le dernier soupir du saint. Ils l'enterrèrent au confluent du Lohbach
et du Rhin.

Tel est le récit, dégagé de quelques épisodes étranges et merveilleux,
mais si peu essentiels à sa trame, qu'on peut aisément en faire honneur
à l'imagination embellissante des Trévirois. Ainsi les sergents de
l'église, venus pour exécuter le mandat d'amener déjà lancé contre
Goar, refusent pour ne pas rompre le jeûne, le repas matinal que le
saint avait préparé ; en cours de route, ils souffrent tout à coup d'une
crise de faim et de soif atroce : ils implorent la charité de leur prisonnier.
Goar aperçoit trois biches, les arrête, les trait, et leur lait réconforte
les sergents. Entrant dans la salle épiscopale, le prêtre veut déposer son
manteau, croit voir une rampe brillante et le jette dessus : c'était un
rayon de soleil passant par un oculus, et le manteau du saint y demeure
suspendu. Ce sont là sans doute d'élégantes broderies [24]. Quant au
point capital du récit, la découverte de l'immoralité de l'évêque,
provoquant un soulèvement de l'opinion publique, il est visible que
les circonstances se prêtent à une explication d'un ordre fort naturel :
Krusch a vraiment tort de réunir cet épisode aux précédents, ceux
des trois biches et du rayon de soleil en disant d'eux, pour se gausser,
que Goar prouvait sa vertu par des miracles difficiles à contrefaire.
Si l'homme que son biographe dépeint « terribilis cognitor secretorum
cœlestium » eût été un simple ventriloque, il eût réalisé fort aisément
le miracle de faire dire quatre mots à un enfant de trois nuits ; il
n'aurait eu nulle peine à lui faire tenir de bien plus longs discours. On
remarquera la question de Goar sur l'âge de l'enfant. Comment
pouvait-on le savoir à une nuit près, sinon par le jeune clerc qui

24. L'épisode des biches est peut-être inspiré par une réminiscence de Virgile et
le souvenir de la biche apprivoisée par la belle Sylvia (*Enéide*, VII, 487-492).

l'avait déposé et qui était connu lui-même comme un familier du prélat? La conversation des sergents de l'église avait pu en apprendre long à un homme peut-être déjà renseigné par d'autres confidences; et la naïveté de l'évêque, de penser que le secret de ses relations intimes resterait entre lui, une jeune femme et un enfant de chœur, méritait bien une déconvenue.

IV

La *Vita Goaris* ainsi replacée dans un cadre acceptable et compatible avec la psychologie, à quel moment de l'histoire des Francs peut-elle se placer?

Les catalogues des évêques de Trèves, suivant leur plus ancienne rédaction, placent Fibicius (Felicius) et Rusticus avant Nicetius et Magnericus; ils intercalent Aprunculus avant Rusticus. Krusch a victorieusement démontré que les catalogues contiennent ici une interversion. Grégoire de Tours est témoin que, vers 525, Nicetius succéda immédiatement à Aprunculus [25] et Fortunat, que Nicetius transmit son siège à son disciple Magnericus [26]. Celui-ci vivait encore en 587, de sorte qu'il est impossible de faire concorder l'épiscopat de Rusticus avec le règne de Sigebert Ier et ce ne peut être Childebert Ier, fils de Clovis Ier, qui fut le contemporain de Goar [27]. Déjà Wandalbert, instruit de la chronologie des Mérovingiens, s'était préoccupé de ces synchronismes: cherchant une autre solution, il n'hésita pas à rajeunir son saint d'une centaine d'années: au texte de la *Vita prior* : « Childiberti regis Francorum filio Chlodovio », il substitua celui-ci : « qui ortus est ex prosapia regis famosissimi Hludowici. » C'était désigner Childebert II, et par voie de conséquence, proposer d'identifier le roi qui offrit le siège de Trèves à Goar, soit avec Sigebert II, soit avec Sigebert III. C'est à cette solution que s'arrêtaient les chronographes Reginon [28] et Sigebert de Gembloux [29]; ce dernier fait coïncider la notoriété de Goar avec

---

25. *Vitæ Patrum*, VI, 3: « Aprunculus Treverorum episcopus transiit. Tunc elegentes sanctum Nicetium episcopum acceperunt. »

26. « Discipule egregii, bone Magnerice, Niceti, — Dum capit ille polum, tu capis arce locum » (édit. Leo, I, p. 291).

27. D'ailleurs Childebert Ier n'eut jamais dans ses états ni Metz ni Trèves.

28. Ed. Kurze, p. 26.

29. Pertz, *Scriptores*, VI, 320.

l'année 600, et il a été suivi par l'auteur d'une troisième vie bien plus récente qui fixe l'arrivée de Goar à la 17ᵉ année de l'empereur Maurice.

Sigebert III doit être absolument écarté, son règne coïncidant avec l'épiscopat de Moduaud (*Modoaldus*) que Dagobert Iᵉʳ avait placé sur le siège de Trèves [30]. Quant à Sigebert II, il ne pouvait pas avoir plus de treize ans à sa mort en 613 ; son père Thierri II gouvernait la Bourgogne et, jusqu'à la défaite de Thiébert II en 612, n'eut aucun pouvoir sur l'Austrasie. Sigebert II ne régna sur Trèves et sur Metz qu'après la mort de Thierri, et ne lui survécut que quelques mois. Cette seconde hypothèse s'écarte donc d'elle-même.

D'ailleurs, si l'on doit admettre dans les catalogues épiscopaux une interversion dans le cours du viᵉ siècle, il serait inconcevable que leurs rédacteurs eussent fait passer deux prélats, Felicius et Rusticus, avant Nicetius qui fut consacré vers 525, si ces prélats avaient siégé, l'un entre 587 et 595 [31], l'autre entre 606-613 ou après 632.

Les *Gesta Treverorum*, recueil de traditions sur l'histoire ecclésiastique du diocèse, sont d'accord avec les catalogues pour placer avant l'épiscopat de Nicetius, — donc avant le premier quart du viᵉ siècle — celui de Rusticus, et il ajoutent à son sujet un détail tout à fait précis qu'ils n'ont emprunté ni à la première ni à la seconde vie de Goar, — car il ne s'y trouve pas — et qui y apporte une singulière confirmation. Ces vies se bornent à dire que Goar offrit à Rusticus de partager sa pénitence et d'en faire lui-même une de sept années. Les *Gesta Treverorum* disent de leur côté : « Rusticus primum reprehensibilis, sed postea per beatum Goarem correctus, in ecclesia Beate Marie que vocatur Litus ad Martyres, septem annis reclusus, pœnitentiam gessit. Quo decedente, Aponoculus (*sic*) successit[32]. »

Tout en considérant la *Vita Goaris* primitive comme une invention pure, Krusch a été frappé du grand intérêt qu'elle présente pour l'histoire des mœurs et, par l'étude du style de l'auteur, pour la critique littéraire à une période qu'il regarde avec raison comme très ancienne et trop peu documentée [33]. Mais Krusch semble s'être

---

30. *Gesta Treverorum*, ap. Pertz, *Scriptores*, VIII, 160.

31. Magnericus siégeait encore en 587 (Grégoire, *Hist. Franc.*, II, 10) et Childebert II fut inhumé le 22 septembre 595.

32. Pertz, *Scriptores*, VIII, 158.

33. « Vita Goaris, licet conficta sit, tamen inter memorabiliora ejusmodi monumenta numerari licet propter rudem auctoris vetusti artem, eaque quae de consuetudine Treverorum ille memoriae tradidit sane magni momenti sunt ad mores illius aevi aequius judicando. » (SS. RR. MM., IV, 403).

exclusivement arrêté, dans ses remarques sur les usages antiques
révélés par cet opuscule, à la coutume d'exposer les enfants délaissés
dans la *concha marmorea* de la cathédrale. Il y a d'autres points
importants du récit qui indiquent une époque toute particulière et ne
permettent pas de le placer indifféremment à un temps quelconque de
l'ère mérovingienne. Ce qui est essentiel, en effet, et ce qui, croyons-
nous, serait intrinsèquement un argument capital contre l'hypothèse
d'un récit fabriqué au temps de Pépin le B. :, ce sont les circonstances
qui suivent le scandale causé par la découverte de l'inconduite privée
de l'évêque Rusticus. Le scandale en lui-même est déjà un incident
qu'on n'aurait pas imaginé vers 768, alors que les sièges de Trèves
et de Reims venaient d'être occupés simultanément par un clerc marié,
Milon (718-757) ; alors que le siège de Cologne se transmettait de père
en fils ; alors qu'un autre prélat du même temps, Remi, fils de Charles
Martel, vivait ouvertement en concubinage avec Angla, fille de
Thiéhard ; il est inutile de citer d'autres exemples.

Au contraire, si on lit la vie d'un contemporain de saint Remi
de Reims, Genebaud, évêque de Laon, on y voit que ce dernier
s'étant séparé de sa femme pour être consacré, — conformément à
un usage tout à fait général au v⁰ siècle dans les Gaules, — continua
de la revoir en secret après son ordination et en eut deux enfants;
double péché dont il se confessa plus tard à son métropolitain et dont
il fit une longue pénitence. Or, dans la *Vita Goaris*, le saint dit à
Rusticus : « Consilio meo accipe duram et prolixam pœnitentiam
judicio sacerdotum. » Il ajoute que la publicité de la pénitence lui eût
été épargnée si, au lieu de se dévoiler ainsi, sa faute n'eût été connue
que d'un confesseur : « Melius fuisset antea absconsa confessio quam
ista principalis depuplicatio. »

Après cette révélation, le clergé et le peuple dénoncent le fait au
roi et celui-ci, sans aucun appel à une autorité ecclésiastique, sans
consulter les comprovinciaux, décide de destituer Rusticus et de
donner son siège à Goar. Cette intrusion du pouvoir séculier devint
de moins en moins aisée à partir des conciles tenus sous les fils et
petits-fils de Clotaire Iᵉʳ, d'où sortit la réorganisation de l'Église
gallicane et une sorte de concordat accepté par les rois, sous forme
de publication légale des décisions canoniques rendues avec leur
participation. Déjà, au temps de Grégoire de Tours, le chef de
l'État, même en cas de crime de lèse-majesté, devait poursuivre le

châtiment et la révocation des prélats devant la juridiction ecclésiastique [34]. En 603, un évêque de Vienne, Desiderius, accusé
d'adultère, fut traduit devant le concile de Chalon, qui le déposa.
Au contraire, dans la *Vita Goaris*, le roi dispose souverainement
de l'épiscopat et s'arroge un pouvoir discrétionnaire sur les prélats
coupables. On se trouve ainsi reporté au temps où, sous les premiers Mérovingiens, les prédécesseurs de Grégoire sur le siège de
Tours sont nommés directement par Clodomir, puis par Clotilde,
tutrice de ses petits-fils [35].

L'évêque Rusticus jouit, par compensation et comme par une
délégation expresse de la justice séculière, d'une juridiction sur ses
inférieurs si étendue, qu'elle va jusqu'au point de pouvoir prononcer
la sentence capitale contre les clercs convaincus de sorcellerie. C'est
encore là un privilège qui ne sera plus compatible avec l'organisa-
tion régulière de l'Eglise telle qu'elle apparaît dès la seconde moitié du vi° siècle : les clercs apostats, hérétiques, sacrilèges, ne
peuvent être condamnés sans le concours d'une assemblée synodale,
et celle-ci ne dispose pas de peines supérieures à l'emprisonnement
perpétuel, la dégradation et l'exil [36].

La conclusion des observations qui précèdent est, conformément
à la chronologie des catalogues et des *Gesta*, — abstraction faite
de l'intercalation erronée d'Aprunculus entre Felicius et Rusticus
— de placer le pontificat de Rusticus à une date très voisine du
début du vi° siècle. Dès lors, le Sigebert qui veut lui retirer l'inves-
titure n'est autre que le roi de Cologne, *parens* de Clovis, Sigebert
le Boiteux, tué vers 509 par son propre fils Clodéric. Grégoire de
Tours ne dit pas que ce roi se soit converti à la foi chrétienne ; mais
il était l'allié de Clovis dans la guerre où celui-ci fit son célèbre
vœu ; il n'y a rien d'inadmissible à ce qu'il ait suivi l'exemple de
toute la branche de sa famille baptisée par saint Remi. La *Vita
Goaris* montre, d'une part, le roi franc s'intéressant à la religion
chrétienne qu'il professe [37] ; et, d'autre part, les camps ou bourgs

34. Chilpéric, bien que Grégoire le représente comme un abominable tyran, n'agit
pas autrement quand il accuse l'archevêque de Rouen, Prætextatus, de haute trahison
(*Historia Francorum*, V, xii (18) ; t. I, p. 162).

35. *Historia Francorum*, III, xvii ; édit. Omont, t. I, p. 90.

36. Voir, par exemple, le jugement rendu contre l'archevêque Egidius et contre Epi-
phanius, abbé de Saint-Remi de Reims (Grégoire de Tours, *Hist. Franc.*, X, xix).

37. Sigebert dit à Goar qui le prie de n'infliger à Rusticus aucun châtiment autre

2

fortifiés occupés par les Germains (*oppida Germanorum*) sur les bords du Rhin, de Bingen à Coblence, sont encore habités par des païens, à l'égard desquels le zèle apostolique de Goar s'exerce librement, sans obstacle de la part des chefs des Francs. On se trouve donc bien à l'époque de transition, où le paganisme n'est pas proscrit, mais où les apôtres du christianisme voient leur propagande autorisée, facilitée même par les souverains barbares déjà convertis.

La *Vita Goaris* nous apprend ainsi que le roi des Francs de Cologne avait soumis à son pouvoir un territoire bien plus étendu que ne le supposerait le texte de Grégoire de Tours interprété judaïquement : il commandait à Trèves et à Metz, et l'on conçoit dès lors de quelle importance était la réunion de toute cette contrée rhéno-mosellane au royaume de Clovis. On s'explique ensuite la raison d'être du maintien, dans la division de la monarchie entre les fils de Clovis, d'un royaume d'Austrasie comprenant Metz, Trèves et Cologne.

La conversion de Sigebert ayant, dans notre hypothèse, suivi celle de Clovis, on peut placer à une date voisine d'avril 498, la pénitence de Rusticus : la mort de Goar, postérieure de dix ans et trois mois à cet événement, serait du 6 juillet 508, et sa biographie aurait été écrite immédiatement après, probablement par Eusebius qui avait accompagné, auprès de Goar, Agrippinus, chapelain de Sigebert. Krusch a parfaitement induit des circonstances dont la *Vita Goaris* entoure la supplique du missionnaire, que Goar sollicite l'envoi d'un *sacerdos regius* pour en recevoir les consolations suprêmes. Mais Krusch n'a vu là qu'un témoignage de mauvais rapports avec l'évêque Rusticus : c'est une erreur. Goar s'était réconcilié avec celui-ci en assumant la moitié de sa pénitence ; mais il voulait que sa confession générale, avant sa fin, fût entendue par un prêtre indépendant du clergé de Trèves[17].

Le prédécesseur de Sigebert le Boiteux est nommé, dans la première vie de Goar, « Childibertus filius Chlodovio ». Ce dut être

que la pénitence à laquelle il sera soumis : « Per salutem principum voluntarie obedio consiliis tuis ; nam si *Deus noster* haec non voluisset, per te tanta miracula non ostendisset. » (C. 9, p. 421.) Si Clovis, chrétien depuis plus de dix ans, fut si facilement accepté comme roi par les Francs ripuaires, c'est qu'il n'existait pas entre eux et lui d'obstacles du côté religieux.

son prédécesseur immédiat, car Sigebert était avancé en âge (*senuit*) en 509, lorsque Clodéric, impatient du trône et considérant, d'après de perfides conseils, que la vieillesse et l'infirmité rendaient son père incapable de régner, le fit mettre à mort par des émissaires dans la *silva Buchonia*, et bientôt après, périt lui-même. D'un autre côté, Rusticus succéda, d'après les catalogues, à Felicius, contemporain de ce roi Childibert, et l'incident qui amena sa destitution prouve que Rusticus était encore dans la force de l'âge, et que, depuis peu de temps, le siège de Trèves lui avait été donné.

Dès lors, le nom du premier prédécesseur de Sigebert, du père de Childibert son devancier, Clodovie ou Clovis, est celui du frère de Mérovée, qui s'empara d'une partie de ses états tandis qu'il aidait les Romains à triompher d'Attila. C'est en effet Clodovie et non Childibert qui fut ce frère de Mérovée, dont nous ignorions jusqu'ici le nom, car Mérovée avait pour père un autre Mérovée [38]. Le royaume des Francs austrasiens de 450 à 509 a donc eu pour titulaires :

1° Clodovie (Clovis), frère de Mérovée.

2° Childibert (Childebert), fils de Clodovie.

3° Sigebert, frère cadet de Childibert.

4° Clodéric, fils de Sigebert.

Rusticus en raison de sa pénitence, a été inscrit au martyrologe romain au 14 octobre : « Treviris S. Rustici episcopi et confessoris. » Le commentaire historique donné sur sa vie par les continuateurs des Bollandistes n'apporte aucun éclaircissement au problème que nous venons d'étudier.

38. Ce point est acquis par la concordance de textes anciens recueillis par Duchesne (*Historiæ Francorum Scriptores*, I. 793 et du très curieux *Libellus de origine ciritatis Erfordensis* Pertz, *Scriptores*, XXX a, 480) avec le *Fragmentum historicum de successione regum Francorum* du XIV° siècle, édité par Schultze et sur lequel nous aurons l'occasion de revenir.

L'INFORMATEUR DE GRÉGOIRE DE TOURS SUR LA VIE PRIVÉE
DES PREMIERS ROIS FRANCS

Gallo-romain par ses origines, son éducation, sa mentalité, ses intérêts ; issu de ces familles sénatoriales d'où tant d'empereurs étaient eux-mêmes sortis, Grégoire de Tours ne pouvait regarder les Francs, envahisseurs de son pays, spoliateurs de ses biens, destructeurs du pouvoir de sa race, avec la neutralité d'un indifférent. Son œuvre historique leur est franchement hostile. Ce n'est pas seulement un Chilpéric, avec qui, comme évêque, il eut les plus pénibles et les plus périlleux contacts, qu'il déteste au point de planter sur son cadavre [39] cet écriteau flétrisseur : « *Nero nostri temporis et Herodes* »; c'est toute la dynastie mérovingienne qu'il accable de ses révélations indignées. Rois et reines, princes et princesses, nul n'échappe à sa censure, pas même les figures que la reconnaissance des peuples gratifia d'une auréole : la pieuse Clotilde, le bon roi Gontran... pas même le premier roi chrétien, le grand Clovis.

Ces imputations souvent outrageantes, parfois terribles, que sont-elles en vérité ? D'odieux mensonges accueillis sans contrôle, ou des accusations courageuses et vengeresses ? Il faut choisir, car on ne saurait les pallier.

L'angoisse des historiens délicats se devine en face d'un tel problème, et l'on comprend que le dernier biographe de Clovis, Godefroid Kurth, cette gloire de la Belgique savante, ait infirmé l'autorité de Grégoire en défendant la mémoire de son héros.

Pourtant, lorsqu'on lit et relit les récits de l'évêque de Tours, on est frappé de la différence saisissante entre sa façon de narrer les faits dont il fut témoin ou qu'il put connaître de près, et sa méthode de rédaction pour tout ce qui lui vient de seconde main. Ici, son langage est concis ; il résume les documents ou les textes ; il expose assez sobrement les faits. Là, au contraire, le style devient vivant ;

39. *Historia Francorum*, VI, xxxiii (46) ; édit. Omont. t. I. p. 234.

les discours tenus sont comme sténographiés en prenant toutefois une tournure laconique, incisive : les épisodes sont dramatisés et se fixent avec une netteté brutale dans l'esprit du lecteur.

Dans les quatre premiers livres de l'*Historia Francorum* tels qu'ils se présentent sous leur primitif aspect, la trame des faits se poursuit jusqu'à la mort de Sigebert Iᵉʳ d'Austrasie, postérieure de quatre ans à l'intronisation de Grégoire sur le siège de Tours. Or, jusqu'à ce moment, on ne rencontre qu'une seule anecdote narrée d'après la manière colorée de l'auteur et concernant quelqu'un de sa propre famille. Tous les autres passages où figurent des conversations intimes, des détails secrets que les intéressés seuls ont pu faire connaître, mettent en scène des membres de la dynastie régnant sur les Francs.

D'où le prélat gallo-romain, à la sincérité duquel, en dépit de ses tendances, il faut, en tout état de cause, rendre hommage, tenait-il ces extraordinaires confidences ? Il est un drame affreux entre tous, le meurtre des fils de Clodomir, dont on peut dire avec moins de difficulté comment il parvint à la connaissance de Grégoire. La reine Clotilde, après cette tragédie dont son orgueil royal la rendit complice involontaire, ne quitta presque plus Tours où elle s'était retirée, abritant ses deuils à l'ombre de la basilique, se consacrant aux œuvres de miséricorde et de piété. C'est là qu'elle finit ses jours et Grégoire dut recueillir des prêtres qui l'avaient approchée bien des détails la concernant et qu'elle leur avait pu confier [10]. C'est par ces intermédiaires sans doute, qu'il eut les échos du baptème de Clovis, à la fois circonstanciés et incomplets [11], et qu'il connut toutes les phases de l'apostolat de Clotilde, avec ses péripéties douloureuses, la mort de son premier enfant, la maladie du jeune Clodomir, le vœu de conversion fait à Zulpich, au cœur de la bataille, par le roi des Francs.

Mais ce n'est certainement pas par quelque auditeur des confessions de Clotilde qu'a pu parvenir à Grégoire l'émouvante et romantique

---

10. Sur la retraite, le séjour et la mort à Tours de la reine Clotilde, cf. *Historia Francorum*, I, xxxii-43 ; III, xviii ; IV, 1 ; t. II, pp. 71-72, 92, 105.

11. Il n'indique même pas le lieu ; il ignore le voyage secret de Clovis à Tours pour s'éclairer *de visu* sur l'authenticité des miracles de saint Martin, voyage constaté par une lettre de l'évèque *Nicetius* à la reine des Lombards, Clodesinde. Il est visible, par le chapitre 39 de la rédaction définitive du livre II, tiré des Annales épiscopales de Tours, qu'on ne connaissait dans cette ville, au temps de Grégoire, qu'un seul séjour de Clovis, celui qu'il y fit en 509 sous l'évèque Licinius.

relation des derniers jours de la dynastie de Cologne. Il suffit d'y jeter les yeux pour s'assurer qu'une partie, tout au moins, des événements n'ont pu être connus et présentés sous le jour qui les éclaire que par quelque descendant des victimes.

Sans vouloir reprendre les *Récits des Temps Mérovingiens* où la lutte avec le talent d'Augustin Thierry serait difficile, il nous faut apporter, pour préciser notre thèse, une traduction littérale du chapitre dont il s'agit.

« Durant son séjour à Paris, le roi Clovis envoie secrètement au fils de Sigebert un message disant : « Voici que ton père a vieilli et se traine péniblement en boitant. S'il mourait, son royaume te reviendrait de droit avec notre amitié. » Lui, tenté par cette convoitise, se résout à faire tuer son père.

« Comme Sigebert, ayant quitté la cité de Cologne et traversé le Rhin, se dispose à parcourir la forêt de Bouhogne [42] et prend le repos de midi sous son pavillon, des meurtriers y pénètrent, le frappent dans son sommeil ; son fils les avait apostés, comptant posséder son royaume. Mais le jugement de Dieu veut qu'il tombe dans la fosse qu'il a creusée pour son père.

« Il envoie donc à Clovis des messagers pour annoncer la mort du roi, et lui fait dire : « Mon père n'est plus ; son royaume et ses richesses sont en mes mains. Adressez-moi des hérauts à qui je puisse remettre ce qu'ils choisiront dans ses trésors. » Clovis répond : « Je te remercie et te prie seulement de les faire voir à mes envoyés, car c'est toi qui garderas tout. »

« Les ambassadeurs arrivés, le fils de Sigebert leur montre les richesses qu'ils inspectent en détail, puis il ouvre un coffre en disant : « C'est là que mon père entassait l'or monnayé. » — « Plonge la main jusqu'au fond, lui conseillent-ils, afin de voir tout ce qui s'y trouve. » Comme il se penche profondément pour remuer l'or, un des hommes de Clovis, levant sa hache, lui fend le crâne ; ainsi, le fils subit la même mort qu'il a indignement infligée à son père.

« Clovis, apprenant que le fils de Sigebert a péri, se rend à Cologne [43],

42. *Silva Bugonia*, ferme que nous francisons d'après les analogies *Bononia*, *Bohonia*, *Boulogne*, *Béhogne*.

43. Grégoire dit : « *in eodem loco* » et n'a précédemment fixé qu'un seul endroit comme résidence de Sigebert la ville de Cologne.

invite tout le peuple à s'assembler et leur parle ainsi : « Écoutez ce
qui s'est passé. Pendant que je naviguais sur l'Escaut, Clodéric, fils
de mon oncle, a persuadé à son père que je voulais le tuer, et l'ayant
décidé à s'enfuir dans la forêt de Bouhogne, il l'a fait assaillir par des
brigands qui l'ont mis à mort. Lui-même, tandis qu'il faisait voir ses
trésors, a été assassiné par je ne sais qui. J'y suis absolument étranger.
Je ne pourrais verser le sang de mes proches, car c'est un crime. Mais
après toutes ces catastrophes, je vous donne un conseil : vous verrez
à l'accepter. Tournez-vous vers moi et je serai votre défenseur. »

« Applaudissant aux paroles qu'ils entendent, par leurs acclamations
et par le choc de leurs boucliers, les assistants l'élèvent sur un pavois
et le reconnaissent pour chef. Il prend possession du royaume, des
trésors, et soumet à sa domination les sujets de Sigebert [44]. »

Grégoire s'arrête ici ; dorénavant plus un mot de cette race. Serait-
elle éteinte avec Clodéric ? Il faut restituer à Sigebert le Boiteux deux
autres enfants que l'ignorance des temps postérieurs a tenté d'attribuer
à Sigebert Ier, petit-fils de Clovis : Baudric et Bobe ; mais ce qu'on
sait de leur vie par Flodoard rend insoutenable cette attribution.
Baudric, après la mort du roi Sigebert son père, s'enfuit loin de la Cour
et resta longtemps ignoré dans une forêt où il vécut en ermite, à
Montfaucon, au diocèse de Reims : sa sœur Bobe fut abbesse d'un des
monastères de femmes de cette ville. Ces points sont incompatibles
avec ce que nous savons, fort en détail, par Grégoire son contemporain,
sur Sigebert Ier, son mariage et sa famille. Ils conviennent à merveille,
au contraire, à ce qui nous est connu de la fin tragique du roi de
Cologne, massacré dans une forêt ; Baudric, accompagnant son père,
dut s'échapper à travers bois, afin de se dérober aux assassins, et
plus tard demeurer caché pour éviter le sort de son frère.

De ceux-là, Grégoire n'a rien su ou ne nous a rien transmis. Mais,
à propos du règne de Thierri Ier en Austrasie, il relate un événement
qui, telles que les apparences se présentent, semble bien dépourvu
d'intérêt pour ceux qui liront son *Histoire des Francs* : c'est l'échec
des ambitions d'un prétendant qui essaie, non sans ombre de succès
d'abord, de se former un parti parmi les Francs de l'Est. Il s'agit d'un
Monderic, que Grégoire ne rattache à rien : il le nomme dans un
seul chapitre et se borne à dire, incidemment, que ce personnage

44. *Historia Francorum*, II, xxviii (40 t. I, pp. 68-69.

affirmait son origine royale et déclarait ses droits équivalents à ceux de Thierri.

Mais ce chapitre, par une frappante coïncidence, est précisément rédigé à la manière épique, avec un luxe de détails précis et de discours relatés qui rappelle tout à fait le récit que nous venons de traduire. En voici le texte :

« Donc Monderic, attestant son ascendance royale, et se dressant orgueilleusement, se prend à dire : « Qu'ai-je à faire du roi Thierri? Le trône m'est aussi bien dû qu'à lui. Je vais me faire connaître, je rassemblerai mon peuple et prendrai leurs serments, afin que Thierri sache que je suis autant roi que lui-même. » Parcourant le pays, il se met à séduire le peuple, en disant : « Je suis prince, suivez-moi, vous vous en trouverez bien. » La foule des paysans l'écoute : par l'effet ordinaire de la faiblesse humaine, ils lui prêtent serment et l'honorent comme roi.

« Thierri, à ces nouvelles, lui envoie ce message : « Viens à moi : si quelque part dans la domination de mon royaume t'est due, tu la recevras. » Thierri parle traîtreusement, afin que s'il vient, il périsse. Mais lui s'y refuse, disant aux envoyés : « Allez, rapportez à votre roi que je suis roi comme lui. » Alors Thierri mobilise une armée pour le saisir par force et le punir. L'apprenant et n'étant pas en mesure de lutter, il gagne le château de Vitry, se confiant à ses murailles, lui avec tous ses biens et ses partisans.

« L'armée royale entoure le château et l'assiège durant sept jours. Monderic résistait avec les siens, disant : « Soyons forts, combattons ensemble jusqu'à la mort, et nous ne serons pas subjugués par nos ennemis. » Comme les flèches s'échangeaient de part et d'autre sans avantage marqué, Thierri prévenu dit à l'un des siens, Aréis[45] : « Tu le vois, ce traître s'entête dans sa rébellion. Va lui donner ta foi qu'il peut sortir sans rien craindre : quand il sera dehors, tue-le et que sa mémoire disparaisse de notre royaume. » Il part et accomplit l'ordre donné. D'abord il avait prévenu le peuple en disant : « Dès que vous nous verrez venir ensemble, précipitez-vous et tuez-le. »

« Aréis, entrant dans le château, dit à Monderic : « Jusqu'à quand

---

45. *Aregisilus.* Ce nom est le même qu'*Arigius*, variante graphique d'*Aredius*. De même, *Ansigisus* et *Ansegisilus* se francisent en Anséis; *Buolgisus* et *Bodegisilus* en Baudéis ou Baugéis, etc

veux-tu rester enfermé comme un de ces insensés ? Pourrais-tu tenir longtemps ? Voilà que les vivres te manquent. Quand la faim te pressera, tu devras bien sortir, te livrer à tes ennemis, et tu périras comme un de ces chiens. Écoute plutôt mes conseils ; soumets-toi au Roi afin que tu puisses vivre, toi et tes fils. »

« Ébranlé par ce discours, Monderic répond : « Si je sors, on m'arrêtera ; le roi nous fera tuer, moi, mes fils et tous ceux qui se sont joints à moi. » — « Sois sans peur, reprend Aréis : si tu veux sortir, reçois mon serment sur ta faute, et présente-toi devant le roi en toute sûreté : tu seras à ses yeux comme tu étais auparavant. » — « Puissé-je être assuré de n'être pas tué ! » réplique Monderic. Aréis, les mains sur l'autel, lui jure qu'il peut le suivre sans nulle crainte.

« Les serments prêtés, Monderic sort de la porte du château tenant la main d'Aréis : le peuple l'observait de loin. Alors, pour signal, Aréis leur crie : « Que regardez-vous si attentivement ? N'aviez-vous jamais vu Monderic ? » Sur ces mots, la foule s'élance. Monderic comprend qu'elle va se jeter sur lui. « Je vois trop bien, s'écrie-t-il, que tu viens de faire signe au peuple de me tuer, mais puisque tu m'as déçu par tes parjures, je te dis que nul ne te verra plus vivant. » La lance de Monderic s'enfonce entre les épaules d'Aréis et le transperce ; il tombe et meurt.

« Monderic tire son glaive : appuyé par les siens, il fait un grand carnage du peuple, et jusqu'à son dernier souffle, n'épargne aucun de ceux qu'il peut atteindre. Quand enfin il a succombé, le fisc s'empare de ses biens [16]. »

Encore un passage sans lien avec d'autres, un épisode sans lendemain.

Ce récit, s'intercalant entre deux chapitres auxquels il ne se raccorde pas, malgré le « donc » du début (*Mundericus igitur...*), se termine sur un détail prosaïque. Grégoire ne semble plus s'intéresser aux enfants de Monderic dont il a tant parlé tout à l'heure ; nous aimerions pourtant à connaître leur destinée, plutôt que d'apprendre le sort réservé au patrimoine du prétendant vaincu.

Et pourquoi Grégoire, qui sait sur lui tant de choses, jusqu'aux termes des messages échangés avec Thierri, jusqu'aux propos tenus par Aréis, cet émissaire qui n'a pu les rapporter, lui, puisqu'il périt à l'instant de sa trahison, pourquoi Grégoire est-il muet sur le prétexte

16. *Historia Francorum*, III, xiii ; t. I, pp. 85-87.

de la rébellion, prétexte au moins très plausible, car la simplicité populaire s'y laissa prendre ? De qui Monderic tient-il les droits qu'il s'arroge ? L'évêque de Tours le laisse ignorer. Quand il parlera d'un autre compétiteur au trône, Ballomer, il aura grand soin pourtant d'exposer les allégations de ce pseudo-fils de Clotaire et la façon dont se passa son enfance [47].

Silence voulu, ce silence de l'historien quant à l'origine de Monderic est suspect. Il le paraîtra bien davantage si nous découvrons une pauvre petite page perdue au milieu des *Acta Sanctorum*, page vivante et dialoguée, à l'instar des passages précédemment détachés de l'*Histoire des Francs*. C'est un feuillet d'un manuscrit de Liège concernant la vie d'un ancien évêque de Tongres, saint Gondoul :

« Saint Gondoul ne se montre inférieur à nul de ses devanciers. Fils du regretté Monderic, que le roi Thierri fit mettre à mort, il fut grand dans le royaume d'Austrasie, mais plus grand et plus noble encore devant Dieu. Il fut nourri avec le duc Baudéis, son frère, dans le palais du roi Clotaire.

« Alors qu'il se voyait comblé d'honneurs par le roi Thiébert, il dit dans sa vieillesse à Arnoul, fils du duc Baudéis : « Écoute-moi, neveu bien-aimé. Le jugement de Dieu a commencé quand il a permis que Monderic périt par le glaive, lui, le fils du parricide Childéric [48]. Prions le Christ qu'il éloigne de nos têtes la colère à venir, car le Tout-Puissant a dit : *Je châtierai vos iniquités jusqu'à la troisième et la quatrième génération.* » — Abandonnant le siècle, il embrassa la vie monastique, et, comme il atteignait l'âge de soixante-seize ans, il fut élu par tous les habitants de Tongres, et consacré évêque [49]. »

47. *Historia Francorum.* VI, xvi (24); t. I, pp. 213-214.

48. Il faut corriger *Chloderici* : *Childerici* est une méprise évidente du copiste.

49. *Acta Sanctorum Julii*, IV, 153. — Voici le passage textuel de cette vie, qu'il est bon de reproduire en raison de son importance :

« Nulli priorum inferior, sanctus Gundulfus, filius deplorati Munderici quem Theodericus rex necari jussit, fuit magnus in Austria, sed major et nobilior coram Domino. Ille nutritus cum Bodegisilo duce, fratre suo, in palatio regis Chlotharii…

« Cum polleret honoribus Theodeberti regis, dixit in senectute sua Arnulfo, filio Bodegesili ducis : « Audi me, nepos charissime ; judicium inchoatum Domini qui Mundericum perimi gladio permisit, filium Childerici parricidæ. Oremus ut Christus avertat capita nostra a ventura ira. Dixit enim Omnipotens : *Visitabo iniquitates vestras usque ad tertiam et quartam generationem.* » Rejecto sæculo, vitam monasticam amplexus est et, cum attigisset aetatis annum LXXVI, ab universis civibus urbis Tungrensis electus, consecratus est episcopus. »

Ainsi point de doute : les annalistes de l'église de Tongres savaient, par le témoignage de Gondoul leur évêque, qu'il était fils de Monderic, et celui-ci du parricide Clodéric. La chronologie, du reste, est en parfait accord avec les indications du fragment de Liége. Gondoul, élu en 600, conserva l'évêché de Tongres jusqu'à sa mort (16 juillet 607). Puisqu'il avait atteint 76 ans au temps de son élection, sa naissance remonte à 524 : il était dans l'enfance lors du meurtre de son père, et sa biographie nous apprend qu'il fut recueilli par Clotaire Ier, frère de Thierri, et élevé dans son palais. Nous reviendrons tout à l'heure sur ce fait.

Mais ce personnage si puissant en Austrasie, comblé d'honneurs par Thiébert II, fils de Childebert II et petit-fils de Sigebert Ier et de Brunehaud, ce n'est point un inconnu pour les lecteurs de Grégoire de Tours. Cet auteur en parle, dès la première rédaction de son VIe livre, dans les curieuses conditions que voici : Le duc Gontran Boson, ayant promis au roi Gontran de lui amener le duc Mummole qui l'avait trahi pour servir Childebert II, va mettre le siège devant Avignon. Childebert l'apprenant envoie Gondoul dégager la ville : « *Ille* (rex), écrit Grégoire, *Gundulfum superius dictum illuc direxit.* »

La phrase ainsi construite se trouve dans le meilleur exemplaire du texte primitif de l'*Historia Francorum*, le manuscrit de Corbie édité par M. Henri Omont, au chapitre xvii (devenu 26 après la révision de l'ouvrage) du livre VI. Seulement, on a beau feuilleter ce manuscrit, il n'est pas dit un mot, précédemment, de Gondoul. C'est un chapitre 11, intercalé lors de la révision de l'*Histoire des Francs*, entre 587 et 591, qui met en relief la personnalité de Gondoul : on y rapporte sa mission en Provence par Childebert II, son passage et son séjour à Tours, bien antérieurs à la délivrance d'Avignon.

Que conclure de là, sinon que Grégoire, lors de la première édition de son œuvre alors composée de six livres, s'était borné à certains emprunts faits à un manuscrit contenant des mémoires secrets plus étendus ? En y puisant sur Gondoul la note relative à sa lutte contre Boson, il oublia d'effacer le *superius dictum*, la mention de rappel qui se référait au chapitre 11, tenu momentanément en réserve [50].

---

[50]. Comme confirmation de cette remarque, le chapitre vii du livre VI qui, lors de la révision, est devenu le chapitre 12, commence par une phrase qui se relie impérieusement au chapitre 11, l'un de ceux intercalés plus tard par Grégoire, tandis que ce chapitre vii (12) n'a pas le moindre lien avec le chapitre vi qui le précède dans le manuscrit de Corbie.

Mais que dit ce chapitre 11, que Grégoire est allé tirer après coup de ses arcanes ?

Le roi Gontran devait rendre à son neveu Childebert II la moitié de Marseille : mais, voulant se soustraire à cette obligation des traités, il avait fermé tous les accès de son royaume, pour que nul n'y pût pénétrer. Ce que voyant, Childebert créa duc un des officiers du palais, Gondoul *qui était de race sénatoriale*, et lui donna l'ordre de se rendre à Marseille[51]. Gondoul, hésitant à s'aventurer dans les états de Gontran, vint à Tours. « Je le reçus avec bienveillance, écrit Grégoire ; et reconnaissant en lui *un oncle de ma mère*, je le retins avec moi durant cinq jours ; après quoi, lui ayant fourni tout ce dont il avait besoin, je lui permis de partir[52]. » Gondoul, arrivé à Marseille, réussit à y établir l'autorité de son maître, et revint lui rendre compte de son succès.

Voilà bien Gondoul, homme puissant en Austrasie, créé duc par Childebert II, puis comblé d'honneurs par Thiébert. Sa mission en Provence est de l'été de 581 ; d'après les annales ecclésiastiques de Tongres, il est alors âgé de 57 ans. Rien de surprenant à ce qu'il puisse être l'oncle maternel de la mère du prélat qui lui donne l'hospitalité.

Grégoire, en 581, reçoit Gondoul et, dès le premier accueil, il retrouve en lui un grand-oncle : il le retient à Tours cinq jours entiers, encore que la mission du duc soit urgente. Pourquoi cet excès d'affabilité pour un parent si nouvellement découvert ? C'est bien simple. Depuis 576, Grégoire travaille à l'*Histoire des Francs*, et voici qu'il a sous son toit le rejeton d'une race royale déchue, spoliée de ses états, de ses trésors, du reste de son patrimoine et décapitée, trois générations de suite, par la perfidie des rois Francs.

Gondoul est déjà presque un sexagénaire ; nourri dans le palais de Clotaire avec les fils du monarque, il s'est attaché sans doute à Sigebert, plus jeune que lui, et qui, par surcroît porte le nom de son infortuné bisaïeul. Il l'a suivi en Austrasie, dans ce royaume qui aurait dû être le sien ; Childebert l'a fait officier de sa maison, et vient

---

51. « Haec cernens Childebertus, Gundulfum ex domestico duce facto, de *genere senatorio*, Massiliam dirigit. » (*Hist. Franc.*, VI, 11 ; édit. Omont, I, 307.)

52. « Quem benigne susceptum recognosco *matris meae* avunculum, retentumque mecum quinque diebus, impositisque necessariis, abire permisi. » (*Ibid.*)

de le créer duc. Nul doute que toutes ces intimités ne l'aient rendu maître d'une quantité de secrets de cour. C'est l'oncle de la mère du prélat : comment ne confierait-il pas à un neveu, en même temps ministre de l'Église, discret et par devoir et par nécessité, tout ce qu'il a appris ou surpris, et qui intéresse à un si haut degré son hôte !

C'est pour Grégoire une bonne fortune inouïe, et voilà, semble-t-il, ce qui le décide à mettre la dernière main aux premiers livres de son histoire et à continuer l'œuvre que l'année 585 au plus tard verra terminer. Grégoire a, c'est une présomption qui s'impose d'après ces données, utilisé les cinq jours de tête-à-tête avec son grand-oncle pour le questionner, non seulement sur les aventures de leurs ancêtres, mais sur bien des faits historiques que l'évêque pouvait soupçonner ou connaître déjà, mais incomplètement. De ces conversations prises sur le vif avec leur physionomie vibrante, animée, dut sortir le manuscrit dont quelques pages — telles que la chute de la dynastie de Cologne, le trépas de Monderic, l'envoi de Gondoul en Avignon — passèrent, textuellement copiées, dans l'édition princeps de l'*Histoire des Francs*. Ces fragments s'y placent à leur rang chronologique, sans souci d'un enchaînement, et voilà comment le premier extrait débute en parlant du « fils de Sigebert » sans le nommer : c'est plus loin, dans la harangue de Clovis aux Francs ripuaires, qu'on rencontre le nom de Clodéric, que Grégoire, il est vrai, avait cité dans un précédent passage.

Gondoul en savait long surtout au sujet de Clotaire, de Sigebert Ier et de Childebert II, et c'est précisément sur la vie privée de ces trois princes que se porte, avec une abondance quasi-exclusive, la documentation de Grégoire. Il connaît leurs alliances légitimes ou autres, l'état civil exact de leurs enfants ; les dates natales ou funèbres de divers membres de leur famille. Sauf sur Chilpéric, son propre souverain, il n'est renseigné d'une manière approchante à l'égard d'aucun autre roi mérovingien. C'est du règne de Childebert II que Grégoire date sa chronologie et s'inspire pour la division de son ouvrage, alors que, par les fonctions qu'il exerce, il est sujet de Chilpéric ; n'est-ce pas la meilleure preuve que la principale contribution à son histoire a sa source dans le royaume de Childebert ? Gondoul, *domesticus* de ce prince, a pu aisément recueillir dans la chancellerie d'Austrasie des précisions annalistiques à l'aide desquelles, *à partir de l'avènement du fils de Sigebert Ier*, la rédaction de Grégoire prend, au début du

livre V, le caractère d'un travail historique parfait, où les faits sont
rattachés à leurs dates.

Grégoire n'a rien ignoré de la filiation de Gondoul. C'est intention-
nellement qu'il l'a dissimulée et, tout en insérant dans son ouvrage
ce qui, dans les entretiens de son oncle, lui a paru publiable sans
inconvénient, il a gardé pour lui le mystère de ses origines familiales.
Il n'a pas tenu — et qui l'en blâmerait ? — à ce que ses lecteurs ap-
prissent que, s'il cousinait avec une branche de rois francs, c'était
par l'intermédiaire d'un parricide. Lorsqu'on se découvre de tels
alliés, on jette un voile prudent sur sa généalogie [53]. Cette discrétion,
les nobles aïeux de Grégoire l'eurent d'abord, et ainsi s'explique la
connaissance si tardive que fit l'évêque de son illustre parent.

Grégoire poussa la méfiance plus loin, et, quand il a jugé bon d'é-
diter son chapitre 11, il a pris soin d'y glisser une incidente bien
propre à dépayser le lecteur. Gondoul se transforme en apparence,
en gallo-romain ; il devient « Gundulfus, de *genere senatorio* ».

Par quel artifice ? Grégoire utilise-t-il ici, pour donner un cachet
romain à la dynastie de Cologne, les honneurs du consulat ou du
patriciat qui auraient pu être accordés à l'un de ses membres ?
S'attache-t-il à l'origine de la mère de Gondoul ? Veut-il favoriser
insidieusement une confusion ?

La mère de Grégoire de Tours, *Armentaria*, femme du sénateur
d'Auvergne *Florentius*, avait pour père *Gregorius*, fils de l'évêque
homonyme de Langres [54], et pour mère une sœur de *Nicetius* (saint
Nizier), archevêque de Lyon. Dans un des chapitres ajoutés au
livre V de l'*Histoire des Francs* lors de la révision du texte, Grégoire
parle de Nicetius exactement dans les mêmes termes dont il use pour
Gondoul [55].

Or, nous connaissons le père et la mère de Nicetius. *Florentinus*,
sénateur de Lyon, avait eu de sa femme *Artemia* deux enfants, lorsque
l'évêché de Genève étant venu à vaquer, le roi de Bourgogne le
désigna pour ce poste ecclésiastique. On voit à tout moment, dans
Grégoire de Tours, des promotions analogues. L'évêque improvisé

53. « Il faut s'arranger, écrivait d'Hozier à la marquise de Livry, pour commencer une
généalogie au bon moment. »

54. *Acta Sanctorum Januarii*, I, 168 ; *Martii*, II, 633.

55. « Facto placito in praesentia sancti Niceti episcopi, avunculi matris meæ. » (*Historia Francorum*, V, 5 ; t. 1, p. 152).

promet de garder la continence ; on lui donne les ordres ; on le consacre, on l'intronise ; souvent sa femme continue à diriger sa maison[56]. Florentinus aurait accepté l'épiscopat si Artemia ne l'en eût dissuadé en lui annonçant qu'elle portait dans son sein un futur évêque. C'était Nicetius ; il ne fut pourtant ordonné prêtre qu'à trente ans. Consacré archevêque de Lyon le 12 septembre 551, il mourut le 2 avril 573 [57], dans sa soixantième année. La naissance de Nicetius ayant précédé celle de Gondoul, puisqu'elle se place vers 513, et tous deux étant nécessairement frères, il faut que Monderic, père de Gondoul, ait épousé la veuve de Florentinus, Artemia.

Artemia est apparemment une gallo-romaine de race sénatoriale. Grégoire trouve, en effet moyen de nous entretenir de deux *Artemius*, l'un, son contemporain, archevêque de Sens [58]; l'autre, marié à Trèves, qui, dans la fleur de l'âge, fut arrêté avec plusieurs de ses concitoyens et envoyé en exil en Espagne, dans les derniers temps de la domination romaine ; tombant malade en chemin, il fut laissé à Clermont, aux soins de l'évêque *Nepotianus*, qui le guérit, le fit prêtre, et dont il devint le successeur. L'évêché d'Auvergne ne se donnait guère qu'à des sénateurs, du ive au vi^e siècle [59]; *Artemius* qui l'occupa dans le cours du ve, était dans tous les cas un gallo-romain.

Malgré son extrême concision, la courte et précieuse *Vita Gundulfi episcopi Tungrensis* n'éclaire pas seulement la question que nous voulions traiter ; elle jette une lueur — dont les critiques n'ont guère profité jusqu'ici — sur les origines de saint Arnoul de Metz, tige de la seconde dynastie française, le premier de ses ancêtres dont Charlemagne entretint le diacre Paul. Mais l'examen de ce problème nous entraînerait fort loin du sujet actuel.

Tenons-nous pour satisfait si, nous ayant suivi dans cette étude, le lecteur demeure convaincu de l'exacte probité de Grégoire, tout en s'expliquant le caractère tendancieux de récits inspirés par l'animosité justifiée de son informateur.

J. DEPOIN.

56. Telle Magatrude, femme d'un évêque du Mans (*Hist. Fr.*, VIII, xı : X, v).

57. *Acta Sanctorum Aprilis*, I, 96 — GRÉGOIRE DE TOURS, *Vitae Patrum*, cap. x.

58. *Historia Francorum*, VIII, xxxı ; édit. OMONT-COLLON, t. II, p. 77.

59. *Historia Francorum*, I, 46 ; II, xıı (13) ; édit. OMONT, t. I, pp. 24, 50. Le second passage est l'un des rares emprunts que GRÉGOIRE avait faits d'abord à une *Histoire des évêques d'Auvergne* qu'il fit rentrer ensuite tout entière, par tranches, dans l'*Histoire des Francs*.

MACON, PROTAT FRÈRES, IMPRIMEURS.